民国经典童书

儿童古今通

U0461487

子童话

朱文叔

著

- 这个人究竟有多么大 • 一个奇异的国
- 穆天子会见西王母 • 人造的人
- 神游 • 纪昌学射 • 愚公移山
- 诚心诚意 • 疑心……

知识产权出版社

全国百佳图书出版单位

图书在版编目（CIP）数据

列子童话 / 朱文叔著. —北京：知识产权出版社，2019.1
（儿童古今通）

ISBN 978-7-5130-5851-3

Ⅰ. ①列… Ⅱ. ①朱… Ⅲ. ①道家 ②《列子》—少儿读物
Ⅳ. ①B223.2-49

中国版本图书馆 CIP 数据核字（2018）第 214849 号

责任编辑：王颖超　　　　　　　　　　**责任校对：王　岩**

文字编辑：褚宏霞　　　　　　　　　　**责任印制：刘译文**

列子童话

朱文叔　著

出版发行：知识产权出版社 有限责任公司	网　　址：http://www.ipph.cn
社　　址：北京市海淀区气象路 50 号院	邮　　编：100081
责编电话：010-82000860 转 8655	责编邮箱：wangyingchao@cnipr.com
发行电话：010-82000860 转 8101/8102	发行传真：010-82000893/82005070/82000270
印　　刷：三河市国英印务有限公司	经　　销：各大网上书店、新华书店及相关专业书店
开　　本：880mm×1230mm　1/32	印　　张：2.375
版　　次：2019 年 1 月第 1 版	印　　次：2019 年 1 月第 1 次印刷
字　　数：33 千字	定　　价：22.00 元

ISBN 978-7-5130-5851-3

序　说

　　《列子》这部书，相传是战国时候的郑国人列御寇做的。

　　这部书里，包含着许多神话和寓言。这些神话和寓言有两种特色：第一，是含有很高深的哲理；第二，是含有极丰富的想象。

　　如《纪昌学射》《愚公移山》《诚心诚意》《怎样才是聪明的贼》等篇，有的说明练习的效果是怎样大，有的说明人定可以胜天，有的说明心理作用的影响，有的说明人类应该怎样利用自然。虽然都是很高深的哲理，但列子却能借极浅近的事例，做成很有趣味的寓言，小

朋友们读起来，一点儿也不觉得难懂：这是列子的文学手段。

关于想象方面，如《这个人究竟有多么大》《一个奇异的国》《神游》《人造的人》等篇，真是"想入非非"，读去虽然觉得非常奇异怪诞，但却没有不合理之处：这又是列子的文学手段。

列子可以说是中国古代的儿童文学大家，要是这部书真是列子做的话。

目　录

这个人究竟有多么大

　　极古极古的时候，在渤海的东面，不知离开多少亿万里，有一个凹下的大坑，其阔无边，其深无底，名叫归墟。地面上不论何处的水，以及空中天河里的水，都流到这归墟里。可是，说也奇怪，它的水，永远不会多起来，也永远不会少下去。

　　归墟的水面上，有五座大山：第一座叫岱舆，第二座叫员峤，第三座叫方壶，第四座叫瀛洲，第五座叫蓬莱。

这个人究竟有多么大

这五座大山，都有三万里的高，三万里的周围。换一句话说，从山脚上去，要走三万里路，才能到山顶；在山脚边兜个圈子，也要走三万里路，才能兜回原处。山顶的平地，周围也有九千里。小朋友，想想看，这五座山，是多么大？

这五座山的位置，恰恰成一个正五角形，每两座山中间的距离，是七万里。小朋友，想想看，这距离，是多么远？

这五座山上，所有的宫殿楼台，都用黄金碧玉造成。飞禽走兽，都是一色纯白的。还有许多珍珠树、琅玕树❶，枝干都透明有光泽。树上的花和果子，都有极美丽的色彩，极好吃的滋味；采来吃了，都可以使人长生不老。小朋友，想想看，这五座山，是多么有趣？

这五座山上，住的都是神仙，他们常常从这座山飞到那座山，又从那座山飞到这座山，互相往来。一天一

---

❶ 琅（láng）玕（gān）树：中国古代神话传说中的仙树。

夜之间，飞来飞去的神仙，不知其数。小朋友，想想看，这些神仙们，是何等自由自在？

可是，却有一个大大的缺点：就是这五座大山，都是没有根的，常常要跟着潮水，上下动荡，往来漂流，没有一刻安定。这些神仙们觉得不妥当，便去告诉天帝，请天帝设法补救。

天帝听了，便叫北海之神禺疆[1]，用十五头巨鳌[2]，分为三组，五头一组，六万年交替一次，轮流伏在水中，昂起头来，顶住山脚。这五座大山，才安定了。小朋友，想想看，这十五头巨鳌，有多么大？

可是，还有不测之灾。有一天，这些神仙们，竟厄运临头了！

原来，那时有个龙伯国[3]，国里的人民，身体非常长

[1] 禺疆：神名。
[2] 巨鳌：海中之大龟。
[3] 龙伯国：古代假托之国，相传其人长三十丈。

这个人究竟有多大

大。他们只要脚一伸，就可以从这座大山跨到那座大山；只要三脚两步，就可以走遍这五座大山。一天，有一个龙伯国的大人，到水中来钓鱼，一钓就钓起了七头巨鳌。他把这七头巨鳌，合起来背在背上，竟拽开大步，回国去了。小朋友，想想看，这个人，究竟有多么大？

这一来，可闯祸了！十五头巨鳌，既然去了七头；又偏偏遇着交替的日子，剩的三头，不够支配了。于是岱舆、员峤二山，就漂流到北极，沉在大海之中，山上的神仙，因而流离失所的，不知有多少亿万人。

天帝知道了，赫然震怒，就下命令，把龙伯国的土地，渐渐削小；把龙伯国的人民，渐渐减短。可是经过不知多少亿万年之后，到了中国伏羲❶、神农❷的时代，那龙伯国的人民，还有几十丈长。

---

❶ 伏羲：中国古代皇帝，教民佃渔畜牧。
❷ 神农：亦古代皇帝，在伏羲之后，教民农业。

这个人究竟有多么大

一个奇异的国

　　大禹❶治水的时候，有一次，迷了路，错了方向，撞到一个奇异的国里。

　　这国名叫终北，在北海的北岸。离开中国，不知有几千万里；它的国界，也不知到哪里为止。

　　在终北国里，没有风，没有雨，也没有雹、露、霜、雪；不生草、木，也不生鸟、兽、虫、鱼。

---

　　❶　大禹：夏禹，以治洪水有功，舜让以天子位。

在终北国的中央，有一座山，形状像个瓦瓶，名叫壶领。山顶有一缺口，形状像个圆环，名叫滋穴。从这缺口里，有一股泉水，源源不绝地涌出来，名叫神瀵❶。

神瀵的水，香气比芝兰、花椒还香，味儿比醇醪醴泉❷还厚。一个源头，分做四道，流到山下，然后分布全国，没有一处不受它的灌溉。

因为这个缘故，终北国里，地气非常清和，没有瘟疫，也没有瘴疠❸。人性也非常中正和平，没有竞争，没有残杀，没有骄傲，也没有妒忌。长幼好像同辈，一块儿住着，没有什么"君"，也没有什么"臣"；男女没有差别，相爱便同居，没有什么"媒妁"❹，也没有什么"聘礼"❺；渴了饿了，就饮神瀵的水，不耕田，也不种地；气候温和适宜，没有寒暑，不穿衣，也不织布；活一百

---

❶ 神瀵（fèn）：传说中水名。
❷ 醇醪：味道浓厚的酒。醴泉：甜味的泉水。
❸ 瘴疠：山水间的湿热气，人受了就要害病。
❹ 媒妁（shuò）：婚姻的介绍人。
❺ 聘礼：男家送给女家的金银首饰等媒介物。

一个奇异的国

岁才死，没有病人，也没有短命鬼。

国内人民，繁殖无数，只有欢喜快乐，没有悲哀痛苦。

民间风俗，嗜好音乐，往往大家挽着手，蹈着脚，你吹我唱，你唱我和，乐声终日不停。

有时疲倦了，喝了神瀵的水，便精力饱满，心志和平；有时喝得过多，便醉了，沉沉睡去，过十天才醒来；有时在神瀵中洗个浴，便皮肤滋润，遍体芬芳，过十天才散尽。

穆天子❶北游的时候，也曾到过终北国，留在那里，有三年之久。

---

❶ 穆天子：周穆王，姓姬，名满，昭王之子。

一个奇异的国

穆天子会见西王母

　　从前周朝❶时候，有个皇帝，叫做穆天子。他最喜欢旅行，常常出远门去游历。

　　有一次，他用八匹骏马——骅骝、绿耳、赤骥、白牺、渠黄、逾轮、盗骊、山子——分拖两乘车子，叫最有名的马师造父和柏夭，做驾车的人，坐了到西方去游历。

　　那八匹马，都是跑得极快的马，所以顷刻之间，就

---

　　❶　周朝：在商朝之后，周武王灭商纣而有天下。

驰驱千里，到了巨蒐氏之国。那时穆天子有点口渴，巨蒐氏就献上白鹄❷的血，给穆天子喝；又备了牛乳、马乳，供穆天子洗脚。

他们在那里歇息一会儿，便再出发，不知跑了多少路，天才晚了。他们就宿在昆仑山❸的脚下。

那时，昆仑山上，住着一位神仙，名叫西王母❹。她的头发像蓬，牙齿像老虎，头上生着好像方胜一般的五彩肉冠，很会唱歌。她住的宫殿，金碧辉煌，非常华美：有动物园，养着种种珍禽异兽；有植物园，种着种种嘉木奇花。宫殿左边，有一个池子，叫做瑶池❺；右边，有一条流水绕着，叫做翠水。

第二天早上，穆天子醒来，执了白圭玄璧，跑上昆

---

❶ 巨蒐（sōu）氏：国名。
❷ 白鹄：鸟名，即天鹅，全体白色，颈长。
❸ 昆仑山：中国古代传说中的神山。
❹ 西王母：中国古代神话传说中的女神。
❺ 瑶池：中国古代神话传说中昆仑山上的池名。

穆天子会见西王母

仑山去，拜会西王母；把带来的锦绣绸缎，送给西王母，作为进见之礼。西王母拜受了，就在瑶池边上，设宴款待穆天子，宾主交欢，兴致非常好。

宴罢，穆天子向西王母告辞，西王母便唱一首歌送别，歌道：

自云升在天空，

山陵自然现出；

只可惜路太远了，

中间有重重的山川阻隔——

但愿你不死，

还能再来。

穆天子会见西王母

穆天子也答唱一首歌道：

我回到东土，

和治诸夏，

等万民都太平了，

再来见你——

大概不出三年，

就可以重到此地。❶

---

❶　二诗译自《穆天子传》。

人造的人

穆天子从昆仑山归来，还没有回到中国❶地界，路过一国。那国王把一个能造种种机器的巧工，名叫偃师的，献给穆天子。

穆天子传偃师进见，问道："你有什么技巧，能够制造什么东西？"

---

❶ 中国：古代指黄河流域一带。

人造的人

偃师道:"随陛下 ❶ 的命令,你要什么,我就能够造什么。不过我已经有一个非常巧妙的东西,造好在那里,陛下可以先赏识赏识。"

穆天子说:"好的,明天带来给我看。"

第二天,偃师便带了一个人,来见穆天子。

穆天子问道:"你同来的是谁?"

偃师说:"那就是我造的人,能够做戏的。"

穆天子诧异道:"哦!人可以造的吗?"说着,便走过去仔细看。

那个人造的人,走路,有时快,有时慢,和真的人一样。头,有时低下去,有时抬起来,也和真的人一样。偃师将他的面颊一按,他就唱起歌来,声调很合音律;

---

❶ 陛下:专制时代,臣子对君主之称。

把他的手一捧，他就舞蹈起来，动作都合节拍。千变万化，随人的意思，要他怎样便怎样。和真的人表演歌剧，完全一样。

穆天子看得呆了，便叫随身的妃子、宫人，都出来一同看。

戏快做完了，那个人忽然回转头来，向穆天子身边的一个妃子，使眼色引诱她。穆天子看见了，便勃然大怒，要杀偃师。

偃师慌了，忙将那人拆散，给穆天子看。原来都是些木头、皮革，粘上胶漆，涂上彩色做成的。里面的肝、胆、心、肺、脾、肾、肠、胃，外面的皮肤、筋肉、骨骼、肢节、毛发、牙齿，都是假的。可是样样完备，件件俱全，没有一种缺少的。

穆天子有点不相信，叫偃师再拼合起来，果然仍旧变成好好的一个人，和初见时一般无二。

人造的人

穆天子还有点不相信，叫偃师再把那人的心除去，那人的嘴，便不能说话；把肝除去，那人的眼，便不能看东西；把肾除去，那人的脚，便不能走路。

穆天子才很相信，很欢喜地称赞偃师道："好本领，你的本领真好！你竟能巧夺天工了！"

一面，他就吩咐再备一乘车子，载了那个人造的人，带回中国来。

人造的人

神　游

　　西极❶地方的某国，有一个魔法师❷，到中国来，见穆天子。

　　那人法术高强：入水不溺，入火不焚；射一箭，发一弹，都能贯通金石；能把山岭变成江河，江河变成山岭；又能把村镇城邑，一忽儿移到这里，一忽儿移到那里；腾在虚空之中，也不会跌下来；触着实在的东西，也不

---

❶　西极：西方极远之地。
❷　魔法师：长于变幻魔术之人，俗称变戏法者。

会被阻碍，千变万化，不可穷极。

　　穆天子非常尊敬他，供奉他和供奉神明一般，天天杀牛宰羊，请他吃；又召集天下的巧工，用尽府库的钱财，造了一座高可凌云的中天台，给他住。

　　有一次，穆天子和他在中天台上饮酒。左右侍奉的人，刚刚上了菜，斟了酒，两人刚刚入了席，他便说："陛下，我带你到天上去游历，好吗？"

　　穆天子求之不得，连忙说道："好极了。但是怎么上去呢？"

　　他说："你拉住我的衣袖，就行了。"

　　穆天子拉住他的衣袖，果然腾空而上，到了中天，他停住了，说道："这里就是我的住宅，请陛下进去歇息一会儿吧。"

神游

那住宅，全用金银构造，高出云表 ❶，又看不出下面的基础在哪里。走近门前，但见门楣上络着一串颗颗像核桃一般大的明珠，成个半圆形，光彩耀目。门框上镶着种种宝玉、宝石、珊瑚、玛瑙之类，五色缤纷，晶莹灿烂。

他引穆天子进去，设宴款待；又吩咐乐队舞队，奏乐起舞。这时，穆天子口所尝的，都是人世未有的异味；鼻所闻的，都是人世未有的奇芳；目所见的形色姿态，耳所听的声调韵律，也都是人世所无的，以为这一定就是天帝住的清都紫微宫 ❷。

再低下头去，望望自己的宫殿，从前觉得很高大的，现在已经小得和积木一般；自己的园囿，从前觉得古木参天，非常森严的，现在也和一堆乱草相似。于是，穆天子就决定要留在那里，不想再回到地上来了。

---

❶ 云表：在云之上面，极言其高。
❷ 清都紫微宫：天帝所居的宫阙。

神游

过了不知多少时候，他又请穆天子出游。到了一处，仰不见日月，俯不见河海，种种辉耀的光线，从四面八方射过来，穆天子眼眩不能看；种种强烈的声浪，从四方八面送过来，穆天子耳鸣不能听。只觉得四肢百骸，跳荡不宁，心意精神，惊悸不安，便连忙说道："这里不好，这里不好，送我回去吧！"

他听了，将穆天子一推，穆天子便觉得从空中坠下，吓出一身冷汗，醒来一看，原来仍旧坐在中天台上，座位一点也没有移动；左右侍奉的人，仍旧是这几个；面前的酒，还是刚斟下来的样儿，混沌沌的；菜，还是刚摆上来的样儿，热烘烘的。

"咦！怪呀！"穆天子诧异极了，说。又回头问左右侍奉的人道："我不是刚到天上去过吗？"

"陛下，不，你只打了一个瞌睡。"有一个侍奉的人回答说。

"啊？"穆天子一面说，一面对魔法师看。

他便解释道："陛下，我们是神游，形体没有动啊！"

神 游

纪昌学射

甘蝇❶,是古时很会射箭的人。百步穿杨,箭无虚发。只要他把箭一上弦,弓一张开,飞禽看见了,知道逃不了,便自己撞下地来;走兽看见了,也知道逃不了,便自己伏下地去。

飞卫❷是甘蝇的弟子,在甘蝇处学射,可是青出于蓝而胜于蓝,后来他的技艺,比甘蝇更精。当时说到射

❶ 甘蝇:古之善射者,箭发,禽兽皆不能免。
❷ 飞卫:古之善射者,学射于甘蝇,本领比甘蝇好。

箭的能手，大家都推他第一。

又有一个人，名叫纪昌❶，有志学射，苦无名师指教。他听到了飞卫的声名，便收拾行李，带了束脩❷，往飞卫家里去，要拜他为师；并且打好主意，一定要学成功了，然后回家。

他走了十天十夜，才到飞卫家里，陈述来意，献上束脩，又行了弟子之礼。飞卫只向他一看，便摇摇头说："不行，你的眼睛还要眨动，不能学射。你且回去，先练习眼睛，练习得不眨动了，再来见我。"

他一团高兴跑来，抹了一鼻子灰，怏怏回家。

他回到家里，便天天躺在他妻子织布机的下面，仰着头，睁着两眼；眼的上面，正当那梭子移动的地方。起初，梭子在上面穿来穿去，一到他的眼睛面前，两眼

29

---

❶ 纪昌：古之善射者，学射于飞卫。
❷ 束脩（xiū）：捆成一捆的干肉，是古时学生送给教师的报酬。

纪昌学射

便不由做主，闪闪眨动；后来渐渐好了。这样的练习两年，就是用锥子向他的眼睛刺去，也一点儿不会眨动。他高兴极了，赶紧收拾行李，再往飞卫家里去，心想此去总不致再被拒绝，一定可以学成功了。

他走了九天九夜，又到飞卫家里，把自己的功夫很得意地对飞卫说了。飞卫又只向他一看，便摇摇头说："不行，你的眼睛虽然不眨动了，但是眼力还不够，极小的东西，还看不清楚。你再回家去练习，练习到你的眼力，看小的东西和大的东西一样，看隐微的东西和显著的东西一样，再来见我。"

他一团高兴跑来，又抹了一鼻子灰，怏怏回家。

他回到家里，便捉住一个虱子，用一根头发系着脚，挂在窗前，天天对着望去。过了十天之后，望去那虱子便渐渐大了，起初像黄豆一般大，其次像铜钱，其次像铜圆，其次像鸭蛋，其次像鹅蛋，其次像碟儿，其次像盘儿；到了三年之后，那虱子望去竟有车的轮子一般大

纪昌学射

了。再看别的东西，一切都大得像一座山了。他便拿起弓箭，对准那虱子射去，这箭刚穿过虱子的中心，那根头发，却并不断。他高兴极了，又赶紧收拾行李，再往飞卫家里去。

他走了八天八夜，又到飞卫家里，把练习的结果很得意地对飞卫说了。飞卫满面高兴，顿顿脚，拍拍手，说道："着啊，着啊！你已经会了，不必我再教了！"

有志竟成，他已经学成功了；可是他还有一个疑问，他想："我的本领，也算高强了；但不知飞卫的技艺，究竟比我何如？"

一天，他在野外，远远地见飞卫来了，便从腰边箭袋里，拔出一支箭来，搭在弦上，对准飞卫射去。飞卫不慌不忙，还射一箭。纪昌的那支箭，像流星一般飞过去；飞卫的那支箭，像闪电一般飞过来。到了中央，两支箭，头对头，恰恰碰着，一撞，力量刚刚抵消，同时落在地上，声息毫无，灰尘不起。

纪昌又射一箭，飞卫又还射一箭，仍是老样儿，箭头对箭头碰着，同时落在地上。

　　他们尽这样的对射过去，到最后，纪昌还剩一支箭，飞卫却没有箭了，便随手折了一支荆棘，等纪昌的箭射过来，用荆棘刺的尖头，一挡，竟不歪不偏，恰恰挡住了纪昌的箭头，箭落在地上了。

　　纪昌便撇弓在地，跑过去，向飞卫下拜道："先生，你的技艺，实在的确比我好。"

纪昌学射

愚公移山

太行、王屋二山，有八万尺高，七百里见方。本来都在冀州❶的南面，河阳❷的北面。

北山愚公❸年纪快到九十岁了，他的住宅前面，正被这两座大山堵塞，所以出门到别处去，必须绕过山脚，兜个大圈子；从别处回到家里来，也必须绕过山脚，兜个大圈子。因为这两座山的阻碍，他一生一世，白走的

❶ 冀州：古区域名。
❷ 河阳：古地名。
❸ 愚公：假托的人名，以其人愚，故称愚公。

冤枉路，不知多少了。

有一次，他出门到别处去，要办一件要紧事情。虽然日夜赶路，脚上起了重重的茧，也不歇息，可是因为兜了一个大圈子的缘故，到了那里，时机却已经错过，那件要紧事情，已经来不及办了。他不但空走一趟，并且白赔了许多路费，白费了许多精神，他懊恼极了，只得没精打采地回家。一路走，一路决意要除去这两座大山。

他到了家里，便召集全家的人，商议除去这两座大山的办法。

他先开口陈述理由道："人力战胜天然，是进化的原理。我们做人的，应该改良天然的环境，使它适合自己的生活。这两座大山，既然对于我们的生活，很有妨碍，我们便得设法除去它；如果不然，听它妨碍我们，不设法除去，那么，我们便不配做人了！"

愚公移山

听到这里,他的儿子、媳妇、孙子、孙女,都拍手赞成。邻家一个寡妇,听得这阵拍掌声,也带了她的年纪不过五六岁、正在换牙齿的儿子,过来看热闹。

他又继续说道:"但是,用什么方法,除去这两座大山呢?"

他的儿子、媳妇、孙子、孙女,都不作声了。

他又说道:"我想,只有我们一家的人,能够工作的,大家都带了斧、凿、锄、铲、槌这些工具,天天到山上去,将泥土挖去,石头凿去,把这两座山,渐渐削平。这样,我们这里就可以四通八达,出入便利,不必兜大圈子了。这个办法,对不对?"

他的儿子、媳妇、孙子、孙女,都说:"对的!"连邻家的寡妇也点头赞成道:"是的,不错!"

只有他的妻子不赞成,提出疑问道:"挖起来的泥土,凿下来的石头，放在什么地方呢？”

大众都说：“不要紧，挑去抛在渤海里。”

于是他们决议了。于是他们就实行了。

愚公和他的两个儿子，四个年纪大一点的孙子，收拾斧、凿、锄、铲、槌、扁担、畚箕等用具，预备上山去了。

邻家的寡妇的儿子，现在虽然年纪还小，不要出门，但是为将来打算，为将来出入便利起见，她非常赞成愚公的办法，所以也叫她年幼的儿子，跟他们上山去帮忙。

从此以后，他们天天在山上，挖的挖，凿的凿，挑的挑，只听得山上是一片“杭育杭育”的声音，从不间断。

愚公移山

一天，河曲智叟❶过来，见他们如此辛苦工作，问明原由，便一面笑，一面摇摇头，摆摆手，对愚公说道："你真太笨了，你真太不聪明了！你这么大的年纪，还有多少力量？恐怕连山上一根毛也毁不了！你看，这两座山，高八万尺，方七百里。你想，这么大的两座山，该有多少泥土，多少石块，你怎能削平它呢？"

愚公听了，也一面笑，一面摇摇头，摆摆手，对智叟说道："你自己的思想，太固陋了；你自己的目光，太短浅了；你自己的见解，还比不上那寡妇孤儿，反说我笨，说我不聪明！我固然老了，死就在眼前了！但是你要知道：就是我死了，还有我的儿子，继续工作；就是我的儿子死了，还有我的孙子，继续工作；孙子之后，又有曾孙；曾孙之后，又有玄孙——这样的子子孙孙，继续工作下去，是没有穷尽的。并且，你看，我虽然只有一个人，儿子便有两个，孙子便有四个，人数一代多似一代，力量也一代大似一代——这样的一代一代，继续工作下去，是没有限量的。至于这两座山呢，现在看来，

---

❶ 智叟：与愚公同为假托的人名。

愚公移山

固然很大，却并不增加起来，经我们天天挖凿，只有一日一日小下去，为什么不能削平，为什么不能削平呢？"

智叟听了，竟没话对答。

这时，却急坏了站在旁边窃听的山神。愚公的话，他字字入耳，句句听清楚，心想这可不好，便连忙腾云驾雾，到天上去，将愚公的话，从头至尾告诉天帝。

天帝听了，也被愚公的诚心所感动，便吩咐两个大力神，背着太行、王屋二山，移往他处。从此，愚公的住宅附近，没有崇山峻岭，地势平坦，出入便利了。

诚心·诚意

　　晋国**❶**有个范子华，全国的人都非常佩服他，国君也非常相信他。他并不做官，可是他的权力，比什么官都大。他目中看重谁，大家也就看重谁，国君也就把官爵封谁；他嘴里说谁不好，大家也就说谁不好，国君也就不用谁做官。因此，当时有许多侠客名士，都投到他门下，大有"一登龙门，声价十倍"**❷**的样子。

---

　　❶ 晋国：周朝诸侯国之一，在今山西省境。
　　❷ 龙门：指声望崇高者的门第。唐李白《与韩荆州书》："一登龙门，则声价十倍。"

诚心诚意

　　禾生、子伯二人，是范氏的上客。一天，他们俩到野外去游逛，天晚了，不及进城，就寄宿在老农商丘开家里。

　　半夜里，他们俩睡不熟，便在床上谈起天来，说子华的权力真大，能够使活的死，死的活，穷的富，富的穷。商丘开睡在隔壁房里，听得明明白白。

　　这个老农，家境很穷，常常饿了没饭吃，冷了没衣穿。现在听说有这样的一个大力者，自然，也要去投靠子华。

　　第二天，两个客人走了之后，他就收拾了一篓瓜果，作为进见之礼，自己背了，进城找到范府，说明来意，子华也就收留了。

　　范氏的门客，都是一般生活奢侈，年少好事的人，吃的是山珍海味，穿的是绫罗绸缎，缓步阔视，目中无人。见商丘开年老力弱，面目黧黑，衣冠不整，就没有一个人不看轻他。不多时，大家便笑他，骗他，玩弄他，欺侮他，甚至于推他，打他，撞他，挤他，无所不为。可是商丘开却一点也不懊恼，总是笑嘻嘻地对着他们；他们倒也没法想，也懒得同他开玩笑了。

子华家里，有一个很高的台，是他们游赏的地方。一天，子华和许多门客，登台望远，商丘开也在内。又有个刻薄的人，想出一种方法来，捉弄这老农了。

那人向大众宣言道："谁能从这台上，跳到地下的，赏一百金！"大众都纷纷抢着答应道："我来！""我会！""我能够！""这很容易，我跳给你们看！"商丘开见他们如此，以为当真的，便抢先跳下去。他的形状，好像一只飞鸟，竟轻轻地落到地上，肌骨一点儿没有受伤。大家都以为这是偶然的事，并不奇怪。

他们还要捉弄他，又有一个人，指着河道提议说："那河流弯曲的地方，深渊底下，有一颗宝珠，谁去取来？"商丘开又以为真的，便走下台来，跳到河里，深深地没入水中；停了一会儿，果然取得宝珠，出来了。大众才

诚心诚意

开始惊异，疑心他是有本领的，便叫他也吃山珍海味，穿绫罗绸缎，不轻看他了。

不多时，范氏的库藏忽然大火，子华对商丘开说道："你倘能入火取锦，取得多少，便赏你多少。"商丘开一点儿没有为难的样子，又去了。他在浓烟烈火之中，空手进去，拿了许多锦出来，出出进进，不知多少次。可是，烟尘一点儿没有漫到他身上，身上一点儿也不焦。

于是，大众惊骇极了，以为他真是得道的神仙，神通广大的，便向他谢罪，说道："我们都有眼不识泰山，不知道你是得道的神仙，不知道你有这样广大的神通，竟大胆妄为，欺骗你，侮辱你，捉弄你，使你冒种种的险。幸亏你宽洪大量，当我们是瞎子，当我们是聋子，当我们是愚笨无知的人，不来和我们计较。只是，你究竟有什么方法，能够入水不沉，入火不焦，要请你告诉我们。"

商丘开也诧异起来了，说道："啊！你们从前是骗我的吗？啊！这倒奇了！我并不是神仙，并没有什么

诚心诚意

神通，也并没有什么方法。我为什么能够入水不溺，入火不焦，我自己也不知道所以然。——啊！这是什么缘故呢？"

他低头想了一想，重复说道："有了，我明白了，我想大概是这个道理，且讲给你们听听看，不知对不对。那天晚上，这两位客人寄宿在我家里。我听他们说，这里主人的权力很大，能够使活的死，死的活，富的穷，穷的富，我非常相信，诚心诚意，要来投靠他。来了之后，又以为你们的话都是真的。凡是你们叫我做的，我相信是一定做得到的，便不顾利害，不计较身体的安全，诚心诚意，用了全副精神去做。俗语说得好：'精诚所至，金石为开。'像金石这样坚硬顽固的东西，遇见至诚的人，尚且要开裂，何况水火呢？我既然这样至诚，自然能够入水不溺，入火不焦了。但是，现在可不对了，现在，我已经知道你们是骗我的了，对于你们的话，我没有信心了，不诚心诚意去做了。如果，你们再叫我到水里去，到火里去，一定淹死，烧死，就是赏我一万金，我也不敢去了，啊！好险！从前你们骗我的时候，我完全相信你们，那时没有淹死，没有烧死，还算运气好！"

从此以后，范氏的门客，不敢看轻他人。就是路上遇见了化子❶，也要跳下车来，对他作揖，不敢再侮辱他，捉弄他了。

---

❶ 化子：同花子，乞丐。

诚心诚意

疑 心

　　有个樵夫，不见一把斧头，疑心是邻人的儿子偷的，樵夫便去侦察他的行动——

　　看他走路，畏畏缩缩，活像一个贼！

　　听他说话，吞吞吐吐，活像一个贼！

　　瞪着他看，他的面色便变了，活像一个贼！

总之，在樵夫眼中看来，他一切的动作态度，都活像一个贼。

　　但是，究竟没有证据，不能拿他。

　　哪知樵夫回家来，斧头竟在柴堆里寻到了。

　　接着，那邻人的儿子，恰恰有点事情，过来找樵夫。说也奇怪，此刻看去，他一切的动作态度，都很光明正大，不像一个贼了。

疑　心

只见金子不见人

齐国❶有个人，着了黄金的迷❷。

一天上午，他跑到热闹的大街上去，走进一家金银首饰店。那店里，有许多顾客挤在柜台边，有的兑金子，有的买首饰。

在一位太太面前，柜台上放着三四副式样不同的金

---

❶ 齐国：周朝诸侯国之一，在今山东省境。

❷ 迷：凡人对于某事，有十分的信仰、十分的热望，专心致志于此，这叫做迷。

只见金子不见人

列·子·童·话

镯，正在挑选。他竟抢上去，拿了一副就逃。

在人这么多的地方，他当然逃不了，立刻就被捉住了，送到法院里。

店伙陈述案情之后，法官便问他道："在大庭广众之间，盗窃东西，你难道不怕人看见吗？"

他答道："我拿的时候，只见金子不见人。"

只见金子不见人

怎样才是聪明的贼

从前齐国有一家姓国的，很富；宋国❶有一家姓向的，非常穷。

姓向的便从宋国到齐国去，请教姓国的，他家是怎样富起来的，可有什么致富的秘诀？

姓国的说："并没什么秘诀，我就是会偷罢了。我偷了一年，便能自给；两年，便丰足有余；三年，便大

---

❶ 宋国：周朝诸侯国之一，在今河南商丘。

富了。从此以后，我的邻里也都学我的样，于是这附近一带，家家发财，个个人吃饱穿暖，没有穷苦的了。"

姓向的听了，高兴极了，想道："哦，原来如此，只要偷好了。偷，这是多么便当的事！"他回到家里，就实做偷儿，爬墙头，掘壁洞，无所不为。眼看得见的，手搯得着的，无不设法去偷，居然也得了不少的金银财帛。

可是，不多时，就破案了，不但赃物统统搜去，发还原主；连他本来所有的一点点不值钱的房屋和家里的破家伙、破衣服，也完全充了公；人也捉将官里去，判了三年徒刑，关在监牢里，足足三十六个月。

刑期满了，他出狱了，就再跑到齐国去，寻着姓国的，气愤愤地骂道："岂有此理，你骗我！"

姓国的诧异道："怎么！我骗你什么来？"

———————————

❶ 搯（pá）：扒手，指从别人身上偷窃财物的小偷儿。

怎样才是聪明的贼

他道："你说，你的富是偷来的，我信你的话，学你的样，谁知竟上了你的当！财没有发，只落得房产充公，人坐监牢——这还不是骗我吗？"

姓国的道："且慢，我问你，你怎样偷，偷什么？"他一五一十说了。

姓国的听了，笑道："朋友，你错了！你偷的方法不对，偷的东西也不对，你简直还不够做贼的资格。现在，我明明白白告诉你吧：你可知道，天有天时，地有地利？我上偷天时，下偷地利，借雨露的灌溉，地土的培植，山上水里的种种物产，来种我的稻麦，栽培我的棉麻，筑我的墙，造我的屋子；有时还在陆上猎取禽兽，水中捕捉鱼鳖。本来，雨露、地土、山水，都是自然有的，不是我的；稻麦、棉麻、禽兽、鱼鳖，也都是自然生成的，不是我的；但是，只要我有利用自然的知识和力量，我便可以尽量去偷，偷得越多我越富；并且偷了以后，并不犯罪，也毫无祸患。你呢？你偷的却不是自然！金银财帛，都是别人用了许多心思，费了许多劳力，才得到的，

怎样才是聪明的贼

才做成功的，谁肯平白地给你拿去？你却冒冒失失，专偷这些东西，活该！只落得房产充公，人坐监牢！朋友！你得记住：要偷，偷自然，别偷人为的东西；偷自然的，才是聪明的贼；至于自己不长进，专偷别人用心思、用劳力才得到、才做成的东西的，那便是天下第一等笨贼！"

一个孩子的话

田氏 ❶ 是齐国的世家，权力和国君差不多，所以门下食客很多，常常有千把人。

一天，有个上客 ❷ 要回家去，田氏在大厅里，设了一百多席酒席，饯他的行，所有门客，都来陪席。

酒行数巡，忽然有一个猎人，一个渔夫，同上门来。

---

❶ 田氏：就是陈公子完，到齐国以后，改姓田氏。

❷ 上客：尊贵的客人。

一个孩子的话

猎人献上五十六对雁，渔夫献上一百多条黄河❶大鲤鱼。田氏收了，便吩咐厨房，拿去烹调。同时，他心中很感触，说道："天的待人，真优厚极了，特地为了我们人，生出五谷来，生出种种蔬菜来，生出种种鱼鸟来，供我们食用。我们人，真是天之骄子！真的，万物莫贵于人！"

所有门客，听了他的话，都点头赞成，只听得一片"是！""是！""是！"的声音。

姓鲍的一个孩子，年纪才十二岁，陪在末座。他独不以为然，站起来说道："你的话不对。照我看来，人和万物，同生在天地之间，都是同类，并没有贵贱的分别。只因为体力有强弱，智力有高低，于是大家我克你，你克他，我吃你，你吃他。并不是天为了你，才生出他来给你吃的，也并不是天为了我，才生出你来给我吃的。我们人，也不过靠了我们的体力和智力，取可吃的吃；并不是天为了我们人，才生出五谷、蔬菜、鱼鸟这些东

_____

❶ 黄河：中国第二条大河，发源于青海，经过北部诸省，至山东入海。

一个孩子的话

西来的。并且，蚊子、蚤虱，常来吸人的血；狼、老虎，常来吃人的肉；难道天为了蚊子、蚤虱，为了狼、老虎，才生出我们人来的吗？”

一个孩子，竟有这般见识，田氏大加赞赏。别的门客，可都惭愧极了。

猴子的脾气

宋国有一个老头儿，欢喜养猴子。那时的猴子，又叫做狙❶，所以别人都称他狙公。

狙公家中，院子里，园子里，客厅里，寝室里，钻来钻去，跳上跳下，东跑西跑，前窜后窜的，都是大大小小的猴子。一走进门，便见这许多猴子，有的飞檐，有的走壁，有的在地上打滚，有的在椅上打坐，有的在桌上翻筋斗，有的在梁上翻杠子，有的在树枝上竖蜻蜓，

---

❶ 狙（jū）：兽名，与猿同类，性颇狡黠。

猴子的脾气

有的在屋脊上叠罗汉。奇形怪状，种种都有。

狙公对于这些猴子，非常爱护，非常珍惜，又非常尊重他们。宁可自己家里的人减衣节食，把省下来的钱买各种果子，做猴子的食粮，使它们个个吃得又舒服，又畅快。

可是，要养活这许多猴子，究竟不是容易的事，到后来，他手头也渐渐拮据，不能如心称意买猴子的食粮了。

九月里的一天，新鲜栗子上市了。狙公便提了篮子出去买，可是钱不够，买得少了。他回到家里，把栗子一数，每个猴子。只有七个栗子好分。

他没奈何，只得在发食粮的时候，对猴子们说道："诸位，现在是吃栗子的时候了。可是今年栗子的收成不好，我搜遍全市，仅仅买得这一篮。所以今天分给你们的栗子，只每位早上三个，晚上四个，够吗？"

猴子的脾气

猴子们听了这话，便都动怒，有的摇头，有的摆手，齐声喊道："不够！不够！"声势汹汹，要和狙公为难。

狙公连忙说道："有了，有了！每位早上四个，晚上三个，那总够啦？"

猴子们一听这话，便都转怒为喜，满面高兴，有的点头，有的伸手，齐声喊道："好！好！好！"又俯伏在地，以表谢意。

66

一样是七个栗子，先拿三个，后拿四个，便动怒；先拿四个，后拿三个，便高兴：这是猴子的脾气。但是，小朋友，你们可有这种脾气没有？

编 后 记

　　1931—1934 年, 中华书局出版了《儿童古今通》丛书。这套丛书的作者皆为民国时期大家, 选取我国古代典籍中有趣味且富含哲理的故事, 译成浅明易懂的语体文, 以供小朋友们阅读。

　　本社此次精选部分书目进行整理再版。为了便于今天的儿童阅读和接受, 将原来竖排繁体转化为横排简体形式。在保持总体语言风格不变的基础上, 主要做了以下修订。

　　一是每个故事都配了一幅原创插画, 既简洁生动, 又契合文意。

编后记

二是对一些疑难生僻字加了拼音和注释，以帮助儿童阅读和理解。

三是对标点符号及个别词语按照现在的用法规范和语言习惯加以修改。

四是对部分原文注释进行修订，以更加全面和严谨。

希望小朋友们在阅读这些童话的同时，能够感受到其中的精彩，进一步激发阅读原著的兴趣。正如著者之一的吕伯攸所说："原书经过这么一次意译，也许会把它的本意走了味。不过，小朋友们先读了这本小册子，将来再读原书，未始不可借此做个引导啊！"

编者

2018 年 12 月